Ich kann richtig schreiben

2

Erarbeitet von
Bärbel Hilgenkamp
Annika Voß

verlag für pädagogische medien

Rechtschreibstrategien

Legende: ○ Wiederholung neu neuer Inhalt P Prüfen lernen M Merkwörtertraining Test Test

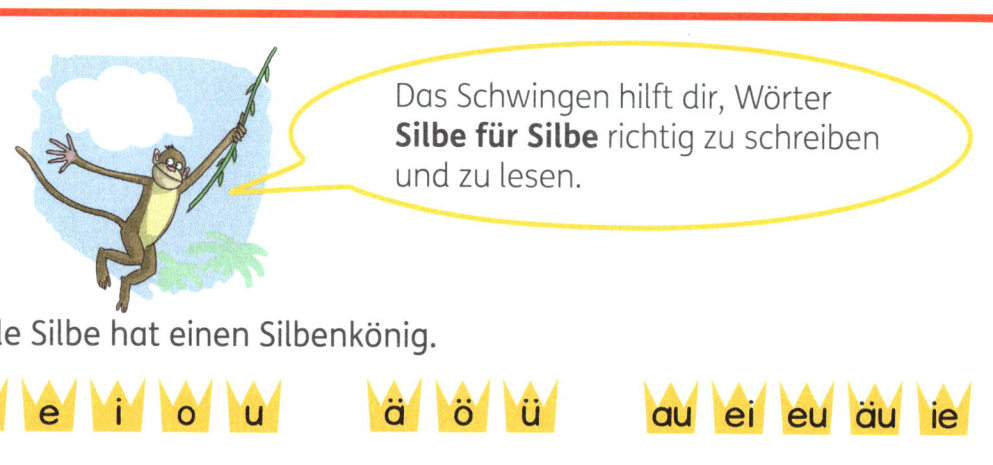

Das Schwingen hilft dir, Wörter **Silbe für Silbe** richtig zu schreiben und zu lesen.

Jede Silbe hat einen Silbenkönig.

a e i o u   ä ö ü   au ei eu äu ie

1 Lies den Text.

2 Male Silbenbögen unter die Wörter.

Alle **Kin**der **le**sen. **An**na **und In**a **sit**zen **an ei**nem **Tisch an**

der . **Vor In**a **liegt kein** , **son**dern **ein klei**ner .

Das ist ihr Kuschel**tier. In**a i**st neu in un**se**rer** .

Anna **fragt: Willst du mit in mein Buch guc**ken?

3 Auf der nächsten Seite ist ein Bild der Klasse. Suche Ina. Lies noch einmal genau nach. Male Ina an.

4 Schreibe die Wörter zu den Bildern.

5 Färbe die Silbenkönige gelb.

1 👓 ✏️ Lies und male die Dinge, die du auf dem Bild findest, bunt an.

2 ✏️ Schwinge die Wörter in den Kästen.

3 ✏️ Färbe die Königsbuchstaben in jeder Silbe gelb.

Spiele und **Mal**käs**ten** in einem **Re**gal

zwei **Blu**men**töp**fe vor dem **Fens**ter

Kreide und zwei **Schwäm**me neben der **Ta**fel

Hefte ein **Li**neal und ein **An**spitz**er** auf einem **Tisch**

ein **Turn**beu**tel** unter einem **Stuhl**

ein **Stun**den**plan** an der **Tür**

☆ 📖 ✏️ Bilde Sätze mit **liegen**, **liegt**, **stehen** oder **hängt**.

1 ⌇ 👂 Schwinge und höre genau.

2 ✏ Setze den richtigen Silbenkönig ein.

3 ✏ Finde das passende Reimwort.

 Schl___f___

 Kl___ss___

 S___f___

 T___ss___

 W___rst

 T___nn___

 D___rst

 S___nn___

 K___nd

 w___nk___n

 W___

 tr_____

4 ✏ Setze den richtigen Silbenkönig ein.

5 ✏ Finde das passende Reimwort.

k___ss___n – m_____   h___r___n – st_____

 Suche 10 längere Wörter aus einem Buch heraus.
Schreibe sie in dein Heft.
Schwinge sie. Färbe die Silbenkönige gelb.

Alle Wörter, die ein Name für irgendetwas sind, nennt man Nomen.

Nomen schreibt man groß.

So kannst du prüfen, ob ein Wort ein Nomen ist:

Denke nach: Ist es ein Name für irgendetwas?   Baum? →

Mache die Nomenprobe: der Baum – die Bäume

1 ✏ Alle Dinge in deiner Schultasche haben einen Namen.
Wähle fünf Dinge aus.
Schreibe sie mit der Nomenprobe auf.

das Heft – die Hefte _____

_____

_____

2 Prüfe die Wörter mit ‿‿.
Achte auf die Silbenkönige.

3 ✏ Was siehst du auf deinem Schulweg?
Wähle vier Dinge aus. Schreibe sie mit Nomenprobe auf.

die Straße – die Straßen, das Fahrrad – _____

_____

_____

4 Prüfe die Wörter mit ‿‿.
Achte auf die Silbenkönige.

⭐ 📖 ✏ Schreibe die Nomen aus den Kästen von **S. 5** mit
Nomenprobe in dein Heft.

Alle Wörter, die man vorspielen kann, sind Verben (Tuwörter).

Verben schreibt man klein.

So kannst du prüfen, ob ein Wort ein Verb ist:

Denke nach: Kann ich das Wort vorspielen?   hüpfen? →

Mache die Verbenprobe: (wir) hüpf**en** – er hüpf**t**

1 Schreibe die Verben mit der Verbenprobe auf.

schreiben — er schreibt

_____

_____

2 Finde alle Verben und unterstreiche sie rot.

Es klingelt. Wir warten auf unsere Lehrerin.
Ina und Anna lesen zusammen ein Buch.
Tim trinkt seinen Kakao aus.

Was macht Serkan denn unter dem Tisch?
Er sucht seinen Turnbeutel.
Da kommt Frau Schulte in die Klasse. Der Unterricht beginnt.

3   Schreibe zu jedem Verb die Verbenprobe in dein Heft.

☆ Schreibe die Sätze in dein Heft.
Sprich beim Schreiben leise mit.

So kannst du die Fehler finden:
Lies die Sätze laut und schwinge
jedes Wort. Berichtige die Fehler.

s   i

Unere Lehrerin hat Aufsecht.
⌣⌣ ⌣⌣⌣⌣ ⌣⌣ ⌣⌣⌣⌣
Unsere Lehrerin hat Aufsicht.

---

1 In jedem Satz sind zwei Fehler. Prüfe mit ⌣⌣⌣.

2 ✏ Berichtige die Fehler. Schreibe den Satz richtig ab.

Wenn es schellt, laufen alle Kender auf den Schuhof.

Die Jugen wollen am liebstn Fußball spielen.

Anna und ihre Freudin haben ihr Sprinseil dabei.

An der Shaukel waten Lutz und Christina.

An der Rotsche gibt es Strait und Jan weint.

Merkwörter sind Wörter, bei denen das ᵕᵕ nicht reicht.
Sie haben schwierige Stellen, die du auswendig lernen musst.

Ein Bild und ein Merksatz helfen dir, dich an diese Wörter zu erinnern.

 Pyramide

1 👓 Lies die Merkverse.

2 ○✏ Kreise die besonderen Buchstaben rot ein.

3 ✏ Schreibe die Merkwörter neben die passenden Bilder.

4 ○✏ Kreise die besonderen Buchstaben rot ein.

Den Apfel isst Nina,
den Pfirsich der Knut.

Beides schmeckt prima und
es tut ihnen gut.

_____

_____

Ein Handy in der Schule?
Nein.

Ein Teddy? Das darf
manchmal sein.

_____

_____

Cornelia zum Computer
rennt.
Dort rechnet sie Aufgaben
mit Euro und Cent.

_____

_____

Schreibe alle Merkwörter in dein Heft.
Lerne die Merkverse auswendig.

↪ KV 11

Wörter schwingen und schreiben

1 〰️ ✏️ Schwinge und schreibe.

_____

_____

_____

_____

_____

_____

_____

_____

Silbenkönige richtig heraushören

2 ✏️ Setze ein:
i oder e?

K___nder   T___nte   R___chenbuch   St___fte   s___ngen

o oder u ?

T___rnbeutel   W___rstbr___t   T___r   T___rm   sof___rt

D___rst

ü oder ö oder eu?

T___r   F___erl___scher   G___rtel   Telefonh___rer   n___n

11

Das Schwingen hilft dir, Doppelkonsonanten in der Mitte des Wortes zu hören.

Beispiel: essen

Achtung: Es gibt kein kk.   Schreibe ck: schmecken

Es gibt kein zz.   Schreibe tz: sitzen

1 Schwinge und höre genau.

2 Setze die passenden Doppelkonsonanten ein.

 Te_____er

 Su_____e

 Lö_____el

 Bu_____er

 Ta_____e

 Ka_____e

 Tischde_____e

 Unterse_____er

 pu_____en

 Zu_____er

3 Schreibe die Wörter mit Silbenbögen in dein Heft.

KV 13

KV 23

Das Schwingen hilft, B/b, D/d, G/g am Silbenanfang gut zu hören.

Gemüse   Schokola**d**e   **B**utter**b**rot

Am Ende einer Silbe oder in der Mitte einer Silbe hört man b, d, g gar nicht gut.
gesun**d**   O**b**st

1 Setze **B/b**, **D/d**, **G/g** richtig ein.
In jeder Reihe passt ein Wort nicht. Streiche es durch.

___ose   ___utter   ___uchen   ___abel

Jo___urt   ___äse   rotkör___e   Nu___eln

Marmela___e   ___esteck   Mar___arine   ___orte

2 Setze in die Verben **b**, **d**, **g** am Silbenanfang ein.

___ecken   le___en   rei___en   sa___en   schnei___en

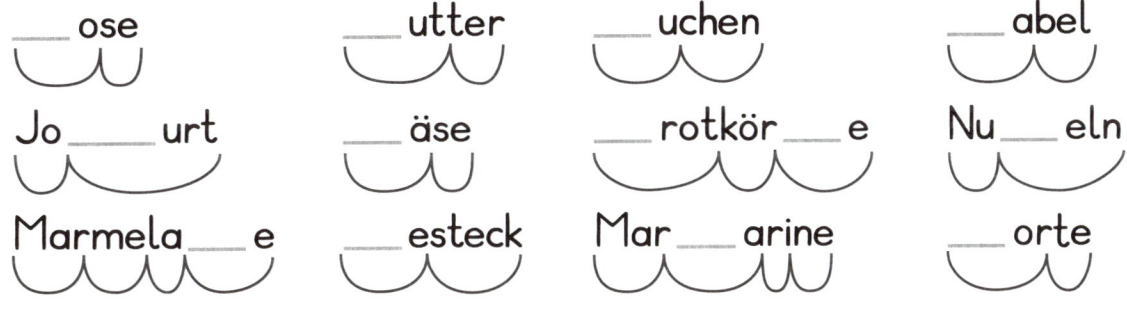

Probleme mit b und d?
Klebe dir ein B/b auf den Tisch. Beide tragen den Bauch nach vorne.

Schreibe täglich eine Reihe **B/b** in dein Heft.

13

1 🖊 **B, d, g** am Ende eines Wortes kann man nicht richtig hören.
Prüfe: Was hörst du? Was schreibst du?

Kor**b**   Ich höre am Ende ein ＿＿ , schreibe aber ein ＿＿ .

Ta**g**   Ich höre am Ende ein ＿＿ , schreibe aber ein ＿＿ .

Geträn**k**   Ich höre am Ende ein ＿＿ , schreibe auch ein ＿＿ .

Ran**d**   Ich höre am Ende ein ＿＿ , schreibe aber ein ＿＿ .

Bro**t**   Ich höre am Ende ein ＿＿ , schreibe aber ein ＿＿ .

Hörst du am Ende eines Wortes ein
p, t, k, suche ein Beweiswort.

Du musst das Wort weiterschwingen. Korb ↝ Körbe

Nun kannst du am Silbenanfang gut hören, ob du
b oder p, d oder t, g oder k schreiben musst.

↝ bedeutet: Wort verlängern und schwingen.

---

2 📓 🖊 Suche zu den Wörtern von **1** die passenden
Beweiswörter. Schreibe so in dein Heft: Korb ↝ Körbe

3 Suche mit ↝ die passenden Beweiswörter.

gel**b** ↝ ＿＿＿＿＿＿＿＿＿＿   knuspri**g** ↝ ＿＿＿＿＿＿＿＿＿＿

kal**t** ↝ ＿＿＿＿＿＿＿＿＿＿   run**d** ↝ ＿＿＿＿＿＿＿＿＿＿

1 Lies den Text. Höre genau auf **B/b**.

2 Färbe **B/b** gelb.

3 Male Silbenbögen unter die Wörter mit **B/b**.

Barbara und ihr Bruder bekommen ein dickes Lob von Papa.

Sie haben schon alles für das Abendbrot vorbereitet.

Auf dem Tisch stehen Vollkornbrot, Butter, Tomaten,

Zwiebeln und Käse. Punkt halb acht können alle essen.

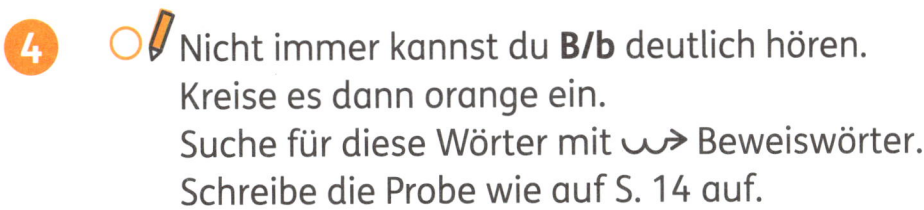

4 Nicht immer kannst du **B/b** deutlich hören.
Kreise es dann orange ein.
Suche für diese Wörter mit ↝ Beweiswörter.
Schreibe die Probe wie auf S. 14 auf.

5 Lies den Text. Höre genau auf **D/d** und **G/g**.

6 Färbe **D/d** und **G/g** gelb.

7 Male Silbenbögen unter die Wörter.

Heute hat Dana Geburtstag. Mama, Papa und ihr großer Bruder

begrüßen sie mit einem Lied. Was ist wohl in dem kleinen Geschenk?

Eigentlich hat sich Dana ja einen Hund gewünscht.

Oh, ein grünes Hundehalsband! Vor der Tür bellt doch etwas! Juhu!

Was für ein schöner Tag!

8 Nicht immer kannst du **d** oder **g** deutlich hören.
Kreise die Stellen orange ein.

Suche mit ↝ die Beweiswörter. Schreibe in dein Heft.

1 In jedem Satz steckt ein Fehler. Prüfe mit 〰.

2 ✎ Berichtige den Fehler. Schreibe den Satz richtig ab.

Heute scheint die Sone nicht.

Jonas mag keine Supe.

Stehen die Teler schon auf dem Tisch?

Carina und ihre Freundin solen noch Brot holen.

3 In dem Satz sind 2 Fehler. Prüfe mit 〰 und ⤳.
Achte auf **B/b**, **D/d**, **G/g**.

Bastian keht mit seinem Hund im Walt spazieren.

4 Zu zwei Wörtern musst du die Beweiswörter suchen.

_____ ⤳ _____

_____ ⤳ _____

> Merkwörter musst du auswendig lernen.
> Erinnerst du dich noch an die Merkwörter
> mit Pf/pf, C, y?

1 ✏ Schreibe die Merkwörter auswendig auf.
Vergleiche mit S. 10.

Pf / pf: _____

C: _____

y: _____

2 👓 Lies die Merkverse.

3 ○✏ Kreise die besonderen Buchstaben rot ein.

4 ✏ Schreibe die Merkwörter neben die Bilder.

5 ○✏ Kreise die besonderen Buchstaben rot ein.

Die Hexe will einen Zaubertrank mixen

für ihre Freundinnen, die drei Nixen.

Das geht ganz fix,

wird aber leider nix.

_____

_____

_____

Veränderst du eine Stelle,

so wird aus Qualle – Quelle.

_____

_____

🐛 📕 ✏ Schreibe alle Merkwörter in dein Heft.
⭐ Lerne die Merkverse auswendig.

➡ KV 11

Das kann ich schon!
Wörter schwingen und schreiben

1 〰 ✏ Schwinge und schreibe.

_____   _____

_____   _____

_____   _____

_____   _____

Beweiswörter suchen mit ↝

2 ✏ b oder p? g oder k? d oder t?

Wan $\frac{t}{d}$? ↝ _____ also: _____

We $\frac{k}{g}$? ↝ _____ also: _____

Kor $\frac{p}{b}$? ↝ _____ also: _____

Bro $\frac{t}{d}$? ↝ _____ also: _____

gesun $\frac{t}{d}$? ↝ _____ also: _____

Das Wortende ist oft nicht deutlich zu hören. Hier musst du beim Schwingen aufpassen.

Achte besonders auf die Endungen:

__e, __el, __en, __er

Die Endung **__er** ist besonders schwierig. Hier hört man oft ein **__a**.

Ich höre: Fenst**a**   Aber ich schreibe: Fenst**er**

1 〰 👂 Schwinge und höre genau.

2 ✏ Setze die richtigen Endungen ein.

 Tant_____

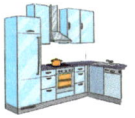 Küch_____

 Onk_____

 koch_____

 bau_____

 Enk_____

 Vat_____

 Mutt_____

 Schwest_____

 Brud_____

3 📓 ✏ Schreibe die Wörter in dein Heft.

4 ⚪✏ Kreise die Endungen gelb ein.

⮕ KV 8, 9

⮕ KV 24

19

1 👓 Lies den Text.

2 ✏ Unterstreiche alle Verben rot.

3 ○✏ Kreise die Endung __**en** gelb ein.

Die Familie Koch

Tim und Lisa Koch wohnen in einem Haus.
Sie spielen oft im Garten.
Mama und Papa sitzen auf der Bank und trinken Kaffee.
Was machen die Katzen unter der Hecke?
Sie suchen und jagen Mäuse.

4 ✏ Schreibe zu jedem Verb die Verbenprobe auf.

Grundform	er-Form
(wir) **wohnen**	er wohnt
(wir)	
(wir)	
(wir)	
(wir)	
(wir)	
(wir)	

5 ○✏ Kreise in der Grundform die Endung __**en** und in der er-Form die Endung __**t** ein.

Die Grundform und
die wir-Form sind gleich.

1 👓 Lies den Text.

2 ✏ Unterstreiche die Verben rot.

Alle Kinder malen ein Bild von einer Stadt.

Ich male die Straßen. Alexander malt viele Häuser.

Und was malst du?

 Verben können verschiedene Endungen haben. Aber der **Wortstamm** bleibt meistens gleich.

In der Grundform kannst du den Wortstamm besonders gut hören.

Grundform | **schreib** | en

ich | **schreib** | e
du | **schreib** | st
er | **schreib** | t

3 🔲 Male Kästen um den Wortstamm.

malen   du baust   er malt   bauen

ich male   ich baue   du malst   er baut

4 ✏ Schreibe die Verben mit dem gleichen Wortstamm in eine Reihe.

Grundform	ich - Form	du - Form	er - Form

1 ✏️ Schreibe die passenden Verbformen auf. Der Wortstamm bleibt immer gleich.

2  Male Kästen um den Wortstamm und die Endungen.

Achtung: Manchmal wird aus **a** ein **ä**!

sagen
ich
du
er
wir

fahren
ich
du
er
wir

fragen
ich
du
er
wir

graben
ich
du
er
wir

3   Schreibe die Verbformen zu **malen** und **machen** wie oben in dein Heft.

↵ *KV 17*

1 In jedem zweiten Satz ist ein Fehler. Prüfe mit ⌐□⌐.
Achte besonders auf die Verben.

2 ✏ Berichtige den Fehler. Schreibe den Satz richtig ab.

Ist der Wortstamm von gleichen Verben auch gleich geschrieben? Hat jedes Verb die richtige Endung?

Karl und seine Eltern wohnen in einem Haus in der Ringstraße.

Seine Oma wont auch bei ihnen.

Karl und seine Mama backen heute einen Kuchen.

Karl bakt sehr gerne.

Oma will gleich noch einen Einkaufszettel schreiben.

Karl ruft: Warte, ich schreip auch noch etwas dazu!

---

3   Hat jedes Wort die richtige Endung?
Streiche falsch geschriebene Wörter durch.
Schreibe sie richtig in dein Heft.

Küche   Lamp   Zimmer   Spiegl   Garten

Bettn   Fensta   Schaukel   Treppe

Merkwörter musst du auswendig lernen. Erinnerst du dich noch an die Merkwörter mit x und Qu?

1 Schreibe die Merkwörter auswendig auf. Vergleiche mit S. 17.

x: _____

Qu: _____

2 Lies den Merkvers.

3 Kreise die besonderen Buchstaben rot ein.

4 Schreibe die Merkwörter neben die Bilder.

5 Kreise die besonderen Buchstaben rot ein.

Auf einem Video kannst du sehen,

wie vier Vögel auf einem Klavier spazieren gehen.

Auf einmal hört man ein lautes Bum,

denn dabei fällt eine Vase um.

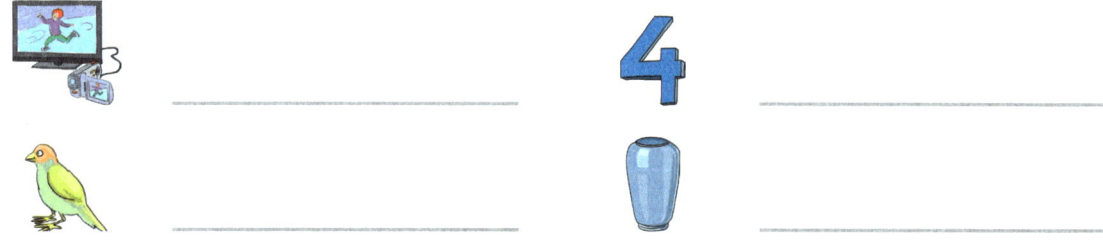

6 Schreibe den Merkvers in dein Heft.

1 ‿‿ ✏ Schwinge und schreibe.

_____

_____

_____

_____

_____

_____

_____

_____

Die richtigen Verbformen finden

2 ✏ Setze die richtigen Formen von **wohnen** ein.

3 ⬜ Male Kästen um den Wortstamm und um die Endung.

Lea fragt mich: Wo _____ du?

Ich antworte: Ich _____ im Amselweg in einem

großen Haus. Dort _____ insgesamt acht Familien.

Wir _____ direkt unter dem Dach.

Meine Tante _____ in der Wohnung neben uns.

> Erinnerst du dich noch?

Nomen schreibt man groß.
Nomenprobe: der Baum – die Bäume

Verben schreibt man klein.
Verbenprobe: hüpfen, er hüpft

1 👓 Lies den Text.

2 ✏ Unterstreiche alle Verben rot und alle Nomen blau.

Ich warte auf den Nikolaus
und stelle meinen Stiefel raus.
Am nächsten Tag laufe ich schnell dort hin.
Und wirklich, es liegt etwas drin.
Die Kekse mit den Nüssen drauf,
die esse ich als erstes auf.

3 ✏ Schreibe zu jedem Verb die Verbenprobe auf.

_____

_____

_____

4 ✏ Schreibe zu jedem Nomen die Nomenprobe auf.

_____

_____

_____

1 ○○✏ Kreise alle Verben rot und alle Nomen blau ein.

| ZEIT | BRENNEN | LEUCHTEN | KERZE | LIED |

| SINGEN | SCHMÜCKEN | STERN | BASTELN |

2 ✏ Schreibe die Wörter mit der passenden Probe in die richtige Spalte.

Nomen	Verben
die Zeit, die Zeiten	

3 ✏ Schreibe die Wörter. Achte auf A?a. Prüfe mit ‿‿.

 _____    _____

 _____   _____

 _____

 📖 ✏ Schreibe die Nomenproben und die Verbenproben zu
3 in dein Heft.

☆ 📖 ✏ Welche Nomen und Verben von **1** passen zusammen?
Bilde Sätze.

Manchmal sind Nomen aus zwei Nomen zusammengesetzt.

Eine **Mütze** für den **Nikolaus** heißt: **Nikolaus** **mütze**

Manchmal werden die zwei Nomen mit einem **s** verbunden:

Adventskranz

Willst du so ein langes Wort richtig schreiben, dann hilft es, wenn du alle Wortbausteine erkennst:

Advent **s** **kranz**

Das **s** in der Mitte nenne ich **Klebe – s**, weil es die Wörter **zusammenklebt**.

1  Bilde zusammengesetzte Wörter.

2  Male Kästen um die einzelnen Wortbausteine.

Die **Zeit** im **Advent** heißt:

_____

Der **Zettel**, auf dem mein **Wunsch** an das Christkind steht, heißt:

_____

Lieder, die man zu **Weihnachten** singt, heißen:

_____

Ein **Kalender** für den **Advent** heißt:

_____

> Wörter, die beschreiben, wie etwas ist, nennt man Adjektive.

So kannst du prüfen, ob ein Wort ein Adjektiv ist:

Denke nach: spannend?   →   Kann etwas <u>spannend</u> sein?

Ja, eine Geschichte ist spannend.

Mache die Adjektivprobe: die <u>spannende</u> Geschichte

1 ◯◯✏   Kreise alle Nomen blau und alle Adjektive grün ein.

| SCHÖN – GESCHENK | KERZE – DICK | GLOCKE – KLEIN |

| WUNSCHZETTEL – LANG | GOLDEN – STERNE |

| GEMÜTLICH – ADVENTSZEIT | KERZENLICHT – HELL |

2 ✏   Verwende die Wörter von **1**. Schreibe so:

Ein Geschenk ist schön.   —   das <u>schöne</u> Geschenk

—

—

—

—

—

—

1 In jedem Satz steckt ein Fehler im zusammengesetzten Nomen. Prüfe mit ⬜ und ↝.

Male Kästen um die Wortbausteine.
Schwinge die Nomen, wenn es sinnvoll ist, weiter.

Anna hat im Advent Geburstag.

Nomen: _____ ↝ _____

Nomen: _____ ↝ _____

So wird das zusammengesetzte Nomen richtig geschrieben:

_____

Einige Kinder feiern auch ihren Namenstak.

Nomen: _____ ↝ _____

So wird das zusammengesetzte Nomen richtig geschrieben:

_____

Der Waltweg ist nach dem Regen matschig.

Nomen: _____ ↝ _____

Nomen: _____ ↝ _____

So wird das zusammengesetzte Nomen richtig geschrieben:

_____

Merkwörter musst du auswendig lernen.
Erinnerst du dich noch an die Merkwörter mit V/v?

1 🖊 Schreibe die Merkwörter auswendig auf. Vergleiche mit S. 24.

V: _____

v: _____

Häufige kleine Wörter:							
der	die	das	dem	den	ein	eine	einen
am	im	auf	unter	über	neben	hinter	vor	unter
einmal	dann	und	viele	wieder	nicht

Diese Wörter kommen oft in deinen Texten vor.
Du solltest sie ab und zu üben.
1. Schreibe sie richtig in dein Heft.
2. Lass dir die Wörter von einem Partner diktieren.

2 🖊 Setze passende kleine Wörter ein.

Lars hat wieder _____ sein Rechenbuch verloren.

Er sucht es _____ dem Sofa _____ _____

dem Schrank. Lars findet _____ Legosteine, aber

leider _____ sein Buch. _____ sucht Lars

im Wohnzimmer. Da ist es ja. Toll, dass das Rechenbuch

_____ da ist.

Das kann ich schon!
In Texten Nomen, Verben und Adjektive erkennen

1 Unterstreiche Nomen blau, Verben rot, Adjektive grün. Streiche falsche Anfangsbuchstaben durch. Schreibe sie richtig drüber.

Die kinder planen eine nikolausfeier.

Sie schreiben eine freundliche einladung für die eltern.

Sie üben kurze gedichte.

Die fenster in der klasse schmücken sie mit leuchtenden sternen.

Auf jeden tisch legen sie eine weihnachtliche decke.

2 Schreibe zwei Nomen aus dem Text mit Nomenprobe auf.

Beispiel: das Kind, die Kinder

_____

_____

3 Schreibe zwei Verben mit Verbenprobe auf.

Beispiel: planen, er plant

_____

_____

4 Schreibe zwei Adjektive mit Adjektivprobe auf.

Beispiel: die freundliche Einladung

_____

_____

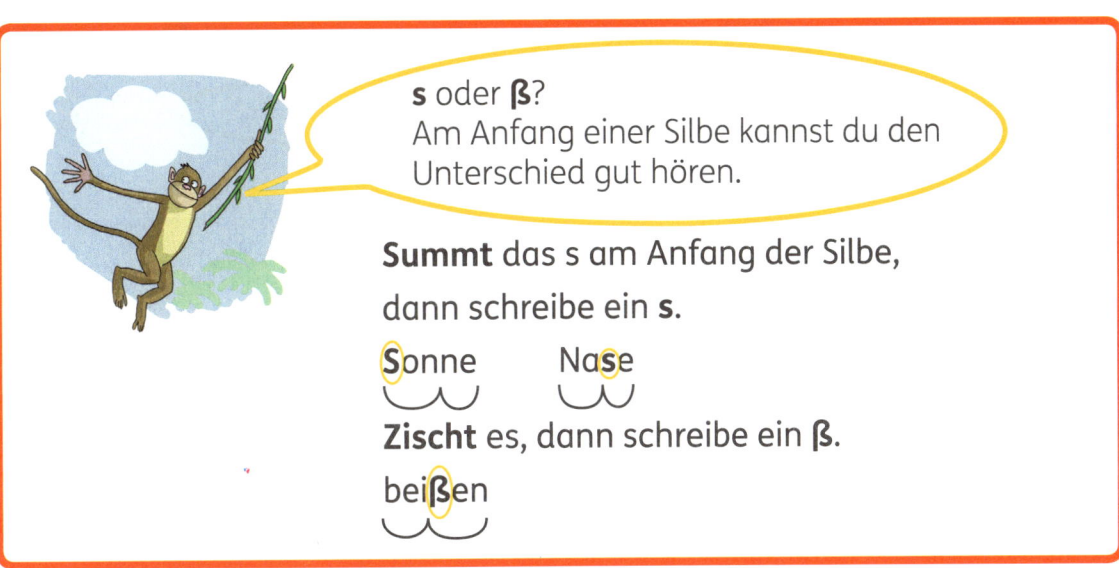

s oder **ß**?
Am Anfang einer Silbe kannst du den Unterschied gut hören.

Summt das s am Anfang der Silbe, dann schreibe ein **s**.

Sonne   Nase

Zischt es, dann schreibe ein **ß**.

beißen

1 Schwinge und höre genau.

2 Setze **S/s** oder **ß** ein.

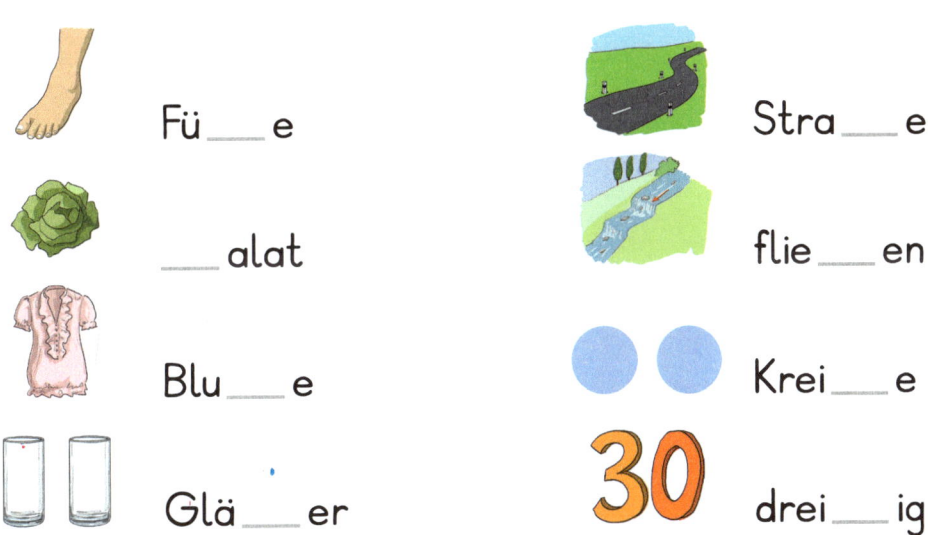

Fü___e

___alat

Blu___e

Glä___er

Stra___e

flie___en

Krei___e

drei___ig

3 Schreibe die Wörter in dein Heft. Schreibe so:

S/s	ß
Salat	Füße

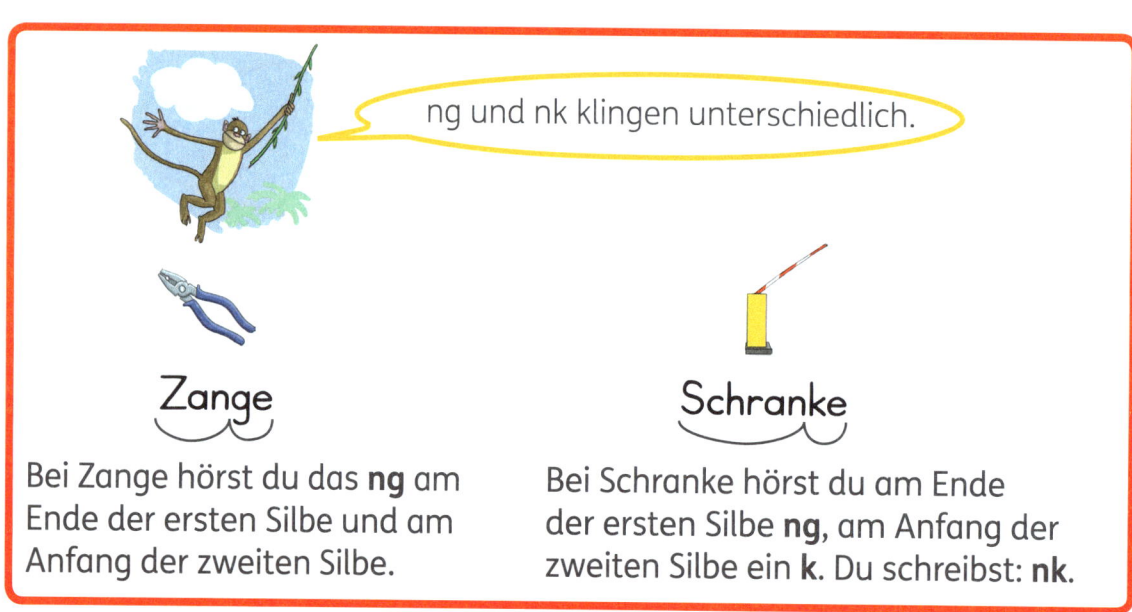

ng und nk klingen unterschiedlich.

Zange

Schranke

Bei Zange hörst du das **ng** am Ende der ersten Silbe und am Anfang der zweiten Silbe.

Bei Schranke hörst du am Ende der ersten Silbe **ng**, am Anfang der zweiten Silbe ein **k**. Du schreibst: **nk**.

1 Schwinge und höre genau.

2 Setze **ng** oder **nk** ein.

E_____el   Le_____er

A_____er   Kli_____el

spri_____en   si_____en

3 Setze **ng** und **nk** ein.

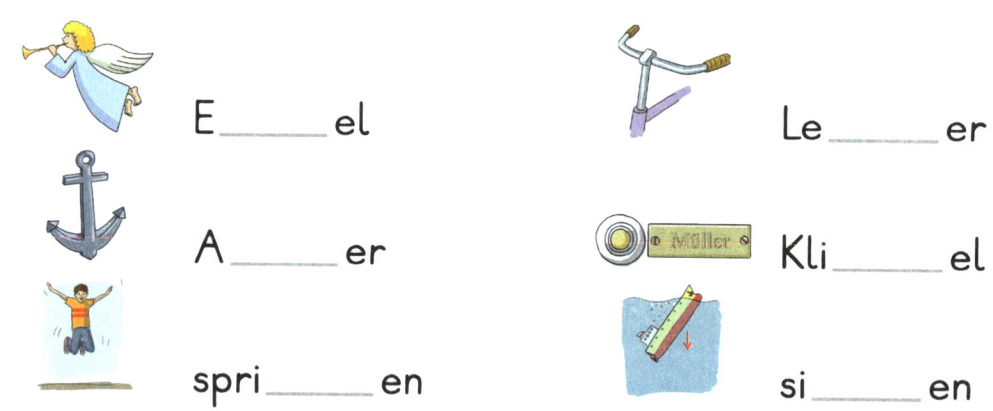

Wenn ich La____eweile habe, de____e ich mir oft Geschichten aus.

Mit einem fliegenden Teppich reise ich auf eine einsame Insel. Dort

schwi____e ich mit meinem Freund, dem Affen, an la____en Lianen

durch den Urwald oder liege faul in einer Hä____ematte und tri____e

Kokosmilch.

Schreibe alle Wörter mit **ng** in dein Heft.

1 👓 Lies den Text.

2 ✏️ Färbe **ie** gelb.

Ich war noch nie in einem fremden Land.
Aber ich würde gerne einmal mit einem Flugzeug nach Griechenland
fliegen oder in die Türkei.
Serkan ist einmal sieben Wochen bei seiner Oma in der Türkei
geblieben, und er hat mir erzählt, wie toll es da ist.
Seine Oma hat auf einer großen Wiese viele Ziegen.
Aus der Ziegenmilch macht sie selber Käse. Wie der wohl schmeckt?

3 📓 ✏️ 〰️✏️ Schreibe die Wörter in dein Heft. Schwinge sie.

4 ✏️ Färbe **ie** gelb. Überlege dabei, wo du **ie** hörst.

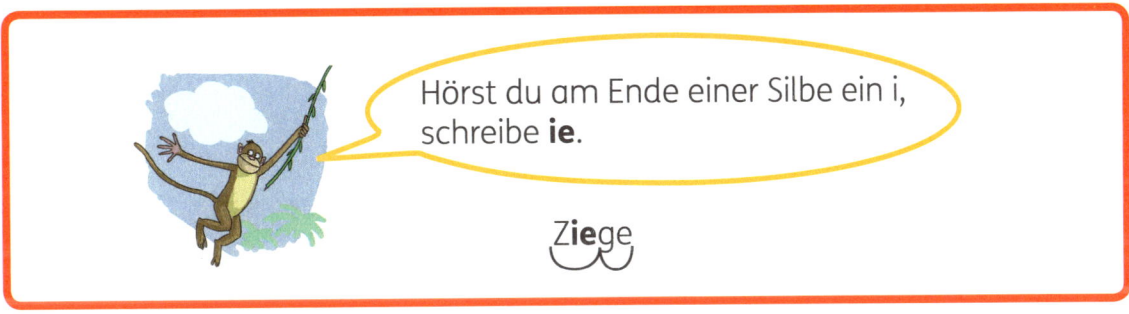

Hörst du am Ende einer Silbe ein i,
schreibe **ie**.

Zi**e**ge

5 ✏️ 〰️✏️ Schwinge und schreibe die Wörter.

6 ✏️ Färbe **ie** gelb.

W _____

B _____

S _____

R _____

s _____

B _____

Damit du das **ie** am Ende der Silbe hören kannst, musst du manche Wörter erst weiterschwingen.

lieb ⤳ **lie**be

⤳ bedeutet: Suche ein längeres Wort und schwinge es.

1 ⤳ ✏ Schwinge die Verben in der er-Form weiter.

liegt ⤳ liegen   siegt ⤳ _____

biegt ⤳ _____   riecht ⤳ _____

schielt ⤳ _____   fliegt ⤳ _____

2 ⤳ ✏ Schwinge die Nomen in der Einzahl weiter.

Dieb ⤳ Diebe   Brief ⤳ _____

Lied ⤳ _____   Sieb ⤳ _____

Papier ⤳ _____   Klavier ⤳ _____

3 ⤳ ✏ Schwinge die Adjektive weiter.

lieb ⤳ liebe   tief ⤳ _____

schief ⤳ _____   viel ⤳ _____

1 In jedem Satz ist ein Fehler. Prüfe mit 〜: **i** oder **ie**?

2 🖊 Berichtige den Fehler. Schreibe den Satz richtig ab.

Im Winter spilen die Kinder gerne im Schnee.

In dieser Nacht hat es wider einmal tüchtig geschneit.

Wollen wier wirklich von diesem hohen Berg herunterrodeln?

3 〜➔ Schwinge die Wörter weiter. Prüfe, ob sie mit **i** oder **ie** geschrieben werden.

4 🖊 Berichtige die Fehler.

Prüfe 〜➔		weiterschwingen	richtiges Wort
telefoniert	〜➔		
gißt			
piept			
Bierne			

o

Merkwörter musst du auswendig lernen.
Erinnerst du dich noch an die häufigen kleinen
Merkwörter?

1 ✏️ Schreibe die Merkwörter auswendig auf. Vergleiche mit S. 31.

_____

_____

2 👓 Lies die Merkverse.

3 ○✏️ Kreise die besonderen Buchstaben rot ein.

4 ✏️ Schreibe die Merkwörter neben die Bilder.

5 ○✏️ Kreise die besonderen Buchstaben rot ein.

Im Winter liegt überall Schnee,
selbst auf dem gefrorenen See.

_____

_____

Da hat Mama eine gute Idee:
Sie kocht uns heißen Tee.

_____

_____

In den Ferien bleibt die Klasse
leer, da fahren die Kinder lieber
ans Meer.

_____

_____

Und in den Beeten im Garten,
die Erdbeeren auf uns warten.

_____

_____

Wörter schwingen und schreiben

1 〰 ✏ Schwinge und schreibe.

_____   _____

_____   _____

_____   _____

_____   _____

Nomen, Verben und Adjektive unterscheiden

2 ◯◯◯✏ Kreise Nomen blau, Verben rot und Adjektive grün ein.

3 Berichtige bei den Nomen den Anfangsbuchstaben.

schlitten   kalt   schneit   rodeln

schneeflocken   rodelbahn   gemütlich   rutscht

4 ✏ Schreibe die Nomen mit Nomenprobe auf.

_____

_____

Erinnerst du dich?

Nomen schreibt man groß.

Nomenprobe: **der Baum – die Bäume**

Verben schreibt man klein.

Verbenprobe: **hüpfen – er hüpft**

Adjektivprobe: **spannend** – die **spannende** Geschichte

1 Lies den Text.

2 Unterstreiche Verben rot, Nomen blau und Adjektive grün.

Im Frühling
Die Welt erwacht aus ihrem tiefen Winterschlaf.
Bunte Blumen wachsen überall.
In den Beeten blühen blaue Krokusse.

Im Sommer
Die Sonne scheint am wolkenlosen Himmel.
Die Kinder tragen kurze Hosen oder Röcke.
Im Sommer schmeckt ein kühles Eis.

Im Herbst
Der Herbst färbt alle Blätter bunt.
Er bringt uns einen kräftigen Wind,
der die bunten Drachen steigen lässt,
aber manchmal auch graues und nasses Wetter.

Im Winter
Im Winter wünschen wir uns alle Schnee.
Dann bauen wir einen großen Schneemann
und trinken zu Hause einen heißen Tee.

 Schreibe die Texte in dein Heft.

 Suche dir einen Text aus. Schreibe alle Proben
zu den Wortarten in dein Heft.

Aus Wörtern kann man Sätze bilden, die etwas erzählen.

Den Satzanfang schreibt man groß.

Es gibt sehr kurze Sätze: Die Jungen spielen Fußball.

Du kannst Sätze aber auch länger und interessanter machen.

Überlege: **Wo?**   Die Jungen spielen **auf dem Schulhof** Fußball.

oder: **Wann? Am Nachmittag** spielen die Jungen auf dem Schulhof Fußball.

1   Mache die Sätze länger und interessanter.
Die Satzbausteine in den Kästen helfen dir dabei.
Schreibe immer drei Sätze so wie oben in dein Heft.

Wann?	Kurze Sätze	Wo? Wohin?
im Frühling	Papa setzt Zwiebeln.	in die Beete
im Sommer	Tim sammelt Kastanien.	im Park
im Herbst	Wir zelten.	vor dem Haus
im Winter	Nina und Jan bauen einen Schneemann.	am See

 Verlängere die Sätze:
Christina gießt die Blumen.
Wir machen einen Spaziergang.

KV 15

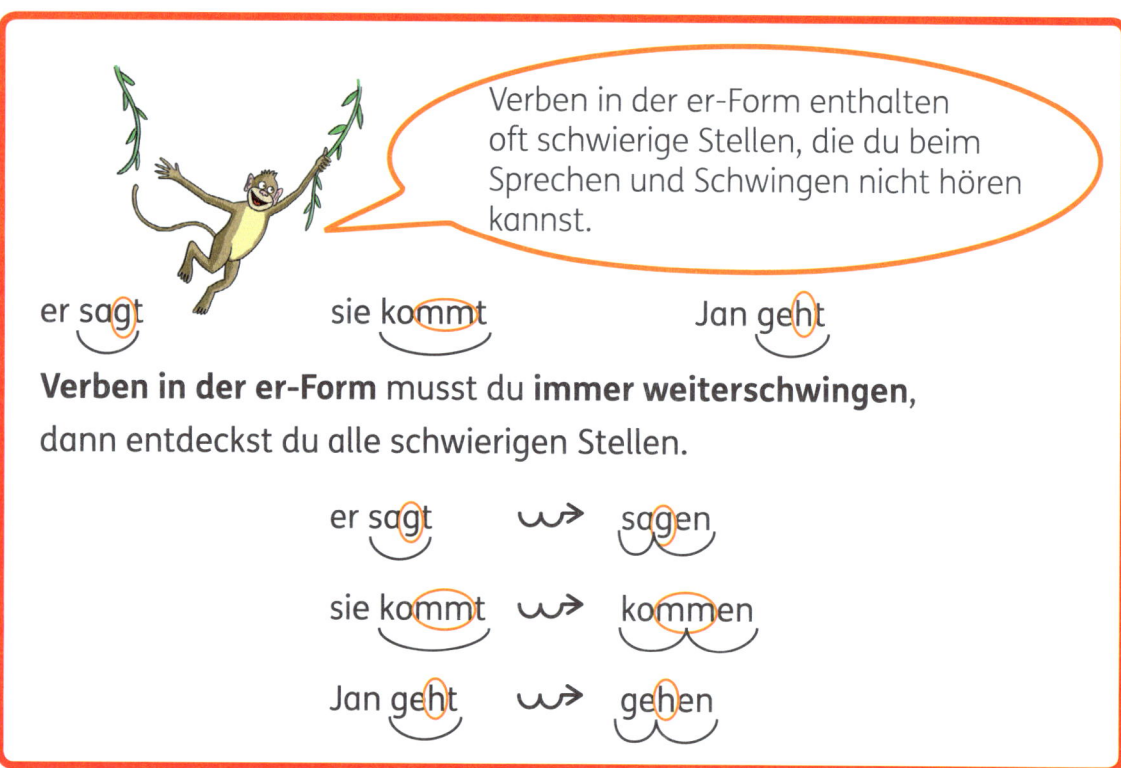

Verben in der er-Form enthalten oft schwierige Stellen, die du beim Sprechen und Schwingen nicht hören kannst.

er sagt   sie kommt   Jan geht

Verben in der er-Form musst du **immer weiterschwingen**, dann entdeckst du alle schwierigen Stellen.

er sagt   ⤳   sagen

sie kommt   ⤳   kommen

Jan geht   ⤳   gehen

1 ○🖉 Kreise die schwierigen Stellen, die du beim Schwingen nicht hören kannst, orange ein.

2 ⤳ 🖉 Schwinge die Verben weiter.
Sprich mit und höre genau: Jetzt kannst du die schwierigen Stellen hören.

er sagt   ⤳   sagen

er schwimmt _____

es weht _____

sie schreibt _____

es wiegt _____

es brennt _____

sie übt _____

1   ↝   Schwinge die Hilfsverben weiter.

er kann ↝   (wir) _____

er will ↝   (wir) _____

er muss ↝   (wir) _____

er soll ↝   (wir) _____

2   ✎   Unterstreiche in den Sätzen alle Verben in der er-Form.
Du erkennst sie an der Endung _t.

Im Januar beginnt das neue Jahr.
Im Februar verkleidet sich Jan im Karneval als
Cowboy und Tina als Hexe.
Im März versteckt der Osterhase seine Ostereier.
Im April macht jeder, was er will.

Im Mai blüht alles in unserem Garten.
Im Juni und im Juli spielt Boris am liebsten draußen Fußball.
Im August fliegt Kerstin mit ihren Eltern nach Spanien.

Im September backt Mama Kuchen mit Äpfeln vom
eigenen Baum.
Im Oktober sieht Florian eine Sternschnuppe und wünscht sich etwas.
Im November gibt es oft Regen oder Nebel.
Im Dezember fährt Thomas auf dem Weihnachtsmarkt Karussell.

3   📓 ✎ ○✎   ↝   Schreibe alle Verben in dein Heft. Kreise
die schwierigen Stellen orange ein.
Schwinge sie weiter.

Schreibe so: begin̲n̲t ↝ beginnen

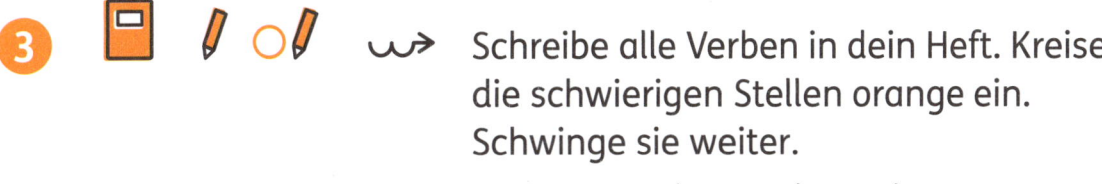

43

1 In jedem Satz ist ein Fehler. Prüfe mit ‿→.

2 🖊 Berichtige den Fehler. Schreibe den Satz richtig ab.

Unterstreiche die Wörter, die du ‿→ musst.

> Inga steigt auf einen Baum und pflükt Birnen in ihren Korb.

_____ ‿→ _____

_____ ‿→ _____

_____ ‿→ _____

Berichtigter Satz: _____

_____

> Der kleine Hund Max bellt oft, aber sonst ist er lib.

_____ ‿→ _____

_____ ‿→ _____

_____ ‿→ _____

Berichtigter Satz: _____

_____

Merkwörter musst du auswendig lernen.
Erinnerst du dich noch an die Merkwörter mit **ee**?

1 ✏ Schreibe die Merkwörter auswendig auf. Vergleiche mit S. 28.

_____

_____

2 👓 Lies die Merkverse.

3 ○✏ Kreise den Silbenkönig mit Dehnungs-h rot ein.

4 ✏ Schreibe die Merkwörter neben die Bilder.

5 ○✏ Kreise den Silbenkönig mit Dehnungs-h rot ein.

Vater und Sohn wollen zusammen Frühstück machen,
dafür besorgen sie leckere Sachen.

 _____    _____

Um zehn Uhr ist heute die Schule aus.
Dann fahre ich mit dem Fahrrad nach Haus.

 _____    _____

Ich lerne nur ein Merkwort auswendig.
Ich schreibe viele verwandte Wörter auch richtig,
weil gleiche Wortbausteine gleich geschrieben werden.

Das kann ich schon!
Wörter schwingen und schreiben

1 〰 ✏ Schwinge und schreibe.
Beachte auch andere Handwerkszeuge.

_____

_____

_____

_____

_____

_____

_____

_____

Verben in der er-Form richtig schreiben

2 ✏ Prüfe mit 〰→.
Schreibe das Wort richtig auf.

es stet / steht 〰→ stehen   richtig: _____

sie frakt / fragt 〰→ _____   richtig: _____

er libt / liebt 〰→ _____   richtig: _____

sie stelt / stellt 〰→ _____ richtig: _____

er dret / dreht 〰→ _____   richtig: _____

es sitzt / sizt 〰→ _____   richtig: _____

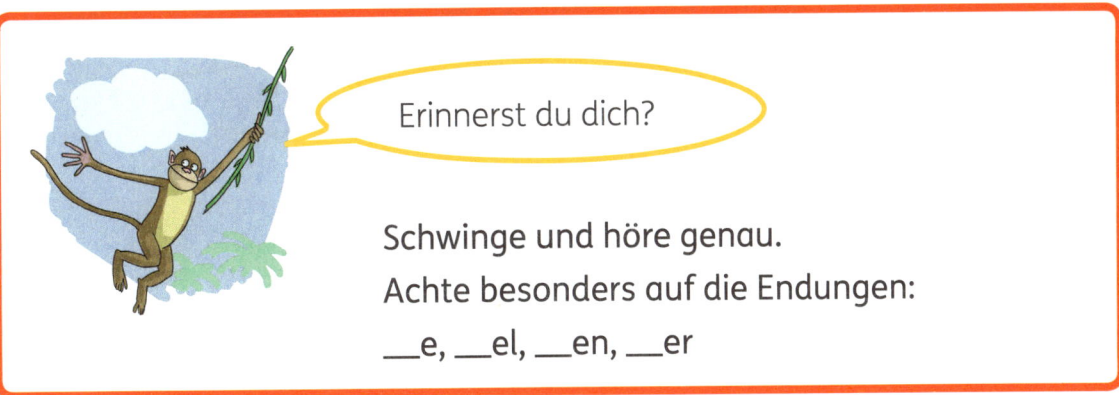

Erinnerst du dich?

Schwinge und höre genau.
Achte besonders auf die Endungen:
__e, __el, __en, __er

1 Schwinge und höre genau.

2 Setze die richtigen Endungen ein.

Büch_____   Buchdeck_____

Märch_____   anguck_____

Häns____ Gret____   Gespenst_____

Schneewittch_____   Feu_____

Pferd_____   Ritt_____

Bild_____   Tit_____

3 Schreibe die Wörter in dein Heft.

4 Kreise die Endungen gelb ein.

KV 9

Achte besonders auf **St/st** und **Sp/sp**.

Hörst du am Anfang einer Silbe ein sch+t, schreibe St/st.
Hörst du am Anfang einer Silbe ein sch+p, schreibe Sp/sp.

1 Schwinge und höre genau.

2 Setze **St/st** oder **Sp/sp** ein.

_____ufen

_____aten

_____reiten

_____erren

an_____oßen

ver_____rechen

3 Schreibe die Wörter in dein Heft.

4 Kreise **St/st** und **Sp/sp** gelb ein.

5 Schwinge. Setze **St/st** oder **Sp/sp** ein.
Achtung: Einmal musst du sch+t schreiben.

Moritz wün_____ sich ein neues Fahrrad. Dafür ____art er jede

Woche und ____eckt das Geld in sein ____arschwein. Dann bringt

Moritz das Geld zur Bank. Es macht ihm ____aß auf dem ____arbuch

zu sehen, wie der Betrag immer größer wird.

KV 9

Manchmal wird bei verwandten Wörtern
a zu ä   oder   **au zu äu**.
Vergiss die Pünktchen nicht.

1 🖉 Bilde bei den Nomen die Mehrzahl.

der Wald – die _____   das Band – die _____

das Blatt – die _____   der Schrank – die _____

der Baum – die _____   das Haus – die _____

die Maus – die _____   der Traum – die _____

2 🖉 Bilde bei den Verben die er-Form.

fahren – er _____   tragen – er _____

schlage – er _____   fallen – er _____

3 🖉 Bei den Lilliputanern ist alles sehr klein.
Hänge die Endung _chen an die Wörter.

Dort ist ein Mann ein kleines _____,

   ein Haus ein kleines _____,

   ein Hase ein kleines _____,

   ein Mantel ein kleines _____,

☆ 📗 🖉 Auch das ist bei den Lilliputanern kleiner: eine Hose,
ein Fuß, ein Schuh, ein Topf.
Schreibe die Wörter wie bei **3** in dein Heft.

Ich suche nach verwandten Wörtern.

Schreibst du ein Wort mit **ä**, musst du es immer von einem verwandten Wort mit **a ableiten** können.

Bl**ä**tter ⚡ Bl**a**tt

Schreibst du ein Wort mit **äu**, musst du es immer von einem verwandten Wort mit **au ableiten** können.

B**äu**me ⚡ B**a**um

1 ✏ Suche verwandte Wörter mit a.

Hände ⚡ _____   Ärmel ⚡ _____

Äpfel ⚡ _____   stärker ⚡ _____

Zähne ⚡ _____   Bäcker ⚡ _____

Gläser ⚡ _____   zählen ⚡ _____

2 ✏ Suche verwandte Wörter mit au.

Sträucher ⚡ _____   träumen ⚡ _____

Häuser ⚡ _____   läuft ⚡ _____

Kräuter ⚡ _____   Räuber ⚡ _____

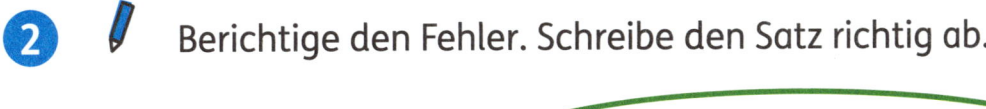

1 In jedem Satz ist ein Fehler. Prüfe mit ⚡.

2 ✏ Berichtige den Fehler. Schreibe den Satz richtig ab.

Unterstreiche die Wörter, die du ⚡ musst.

Ida träumt nachts von Wunderbäumen mit goldenen Blättern.

_____ ⚡ _____
_____ ⚡ _____
_____ ⚡ _____

Berichtigter Satz: _____

_____

Das Meuschen Pele schlägt in der Turnhalle lustige Räder.

_____ ⚡ _____
_____ ⚡ _____
_____ ⚡ _____

Berichtigter Satz: _____

_____

Merkwörter musst du auswendig lernen. Erinnerst du dich noch an die Merkwörter mit Dehnungs-h?

1 ✏ Schreibe die Merkwörter auswendig auf. Vergleiche mit S. 45.

_____

_____

2 👓 Lies die Merkverse.

3 ○✏ Kreise die Merkwörter aus fremden Sprachen rot ein.

4 ✏ Schreibe die Merkwörter neben die Bilder.

In England gibt es viele Teams,

die tragen Pullover, T-Shirts und Jeans.

_____

_____

Ich habe einen Teddy

und der heißt Freddy.

Da meint mein Vater:

„Was für ein Theater."

KV 11

Wörter schwingen und schreiben

1 〰 ✏ Schwinge und schreibe.
Beachte auch andere Handwerkszeuge.

_____   _____

_____   _____

_____   _____

_____   _____

Die richtigen Verbformen finden

2 ✏ Schreibe die richtige Verbform auf.

3 ⬜ Male Kästen um den Wortstamm und die Endungen.

Verb in der Grundform	fahren
ich	
du	
er, sie, es	
wir	
ihr	
sie	

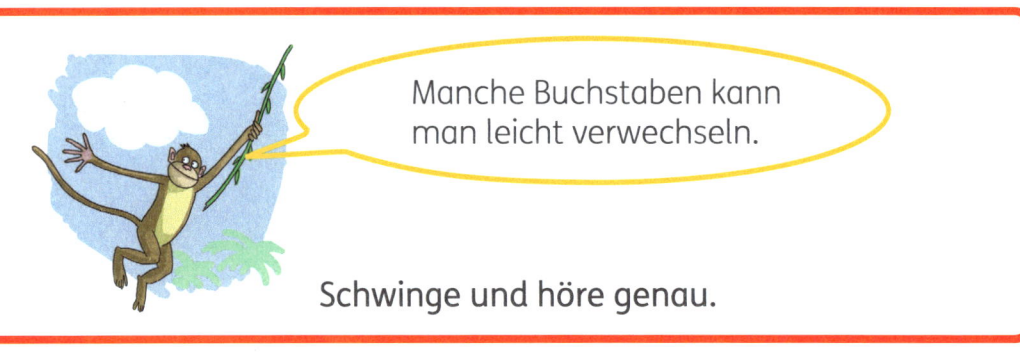

Manche Buchstaben kann man leicht verwechseln.

Schwinge und höre genau.

1 〰 👂 Schwinge und höre genau. Setze **o** oder **u** ein.

 ___ rdner

 St ___ nde

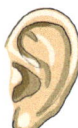 ___ hr

 Sek ___ nde

2 📓 ✏️ Schreibe die Wörter in dein Heft.

3 ✏️ Suche die Reimwörter.

Wurst	Sorgen	Wurm	Ort
D_____	m_____	St_____	d_____

4 〰 👂 Schwinge und höre genau. Setze **e** oder **i** ein.

 K ___ nd

 St ___ rn

 Pr ___ nz

 König ___ n

5 📓 ✏️ Schreibe die Wörter in dein Heft.

Erinnerst du dich?

Am Anfang einer Silbe kannst du den Unterschied von **s** und **ß** gut hören.

1 Schwinge und höre genau.

2 Suche die passenden Reime.

Am Silbenanfang hörst du ß	Am Silbenanfang hörst du s
Fü ße	Wie se
Gr _____	R _____
hei ßen	Ro se
b _____	H _____
schm _____	D _____

In der Mitte oder am Ende einer Silbe klingt das s genauso wie das ß.

Schreibe nur dann ein ß, wenn du mit ⤳ ein Beweiswort findest.

er rast ⤳ ra sen   er beißt ⤳ bei ßen

3 Suche mit ⤳ die Beweiswörter. Schreibe in dein Heft.
Haus, los, weiß, Spaß, groß

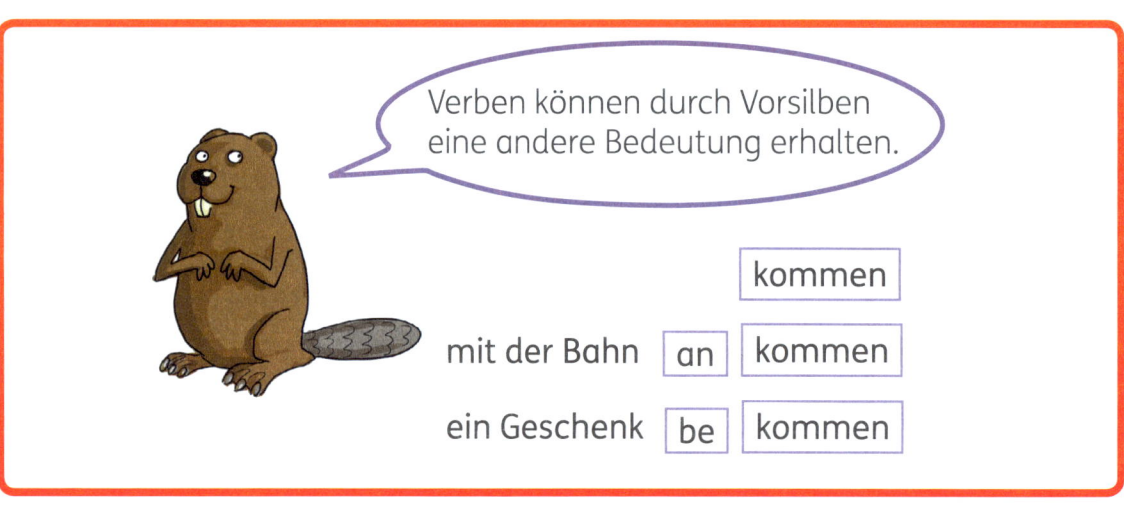

Verben können durch Vorsilben eine andere Bedeutung erhalten.

		kommen
mit der Bahn	an	kommen
ein Geschenk	be	kommen

1 🖊 Bilde neue Verben mit den Wortbausteinen.

auf - und an -: fangen halten

eine Arbeit _____ an der Ampel _____

den Ball _____ die Tür _____

vor - und an -: nehmen ziehen

ein Paket _____ niemanden _____

sich etwas Schönes _____ ein Kleid _____

ver - und be -: sprechen schreiben

die Hausaufgaben _____ sich _____

sich ewige Freundschaft ____ ein Bild _____

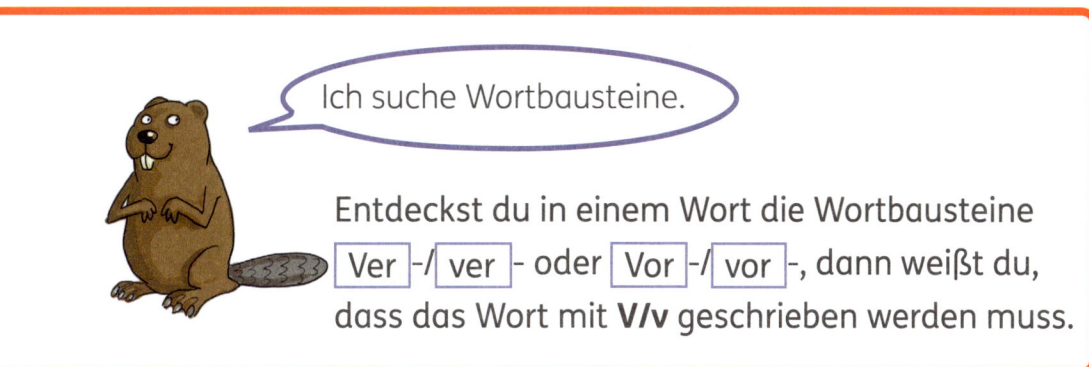

Ich suche Wortbausteine.

Entdeckst du in einem Wort die Wortbausteine
Ver -/ ver - oder Vor -/ vor -, dann weißt du,
dass das Wort mit **V/v** geschrieben werden muss.

1 Male Kästen um die Wortbausteine.

2 Setze die Wörter richtig in den Text ein.

vorsichtig	Vorfahrt	verstecken
Versuch	vorbei	vorsagen

Das Auto hatte an der Kreuzung _____.

Martin und Lutz _____ sich hinter dem Haus.

Als Nina ihrer Freundin _____ wollte, klappte erst

der zweite _____.

Wenn der Sommer _____ ist, beginnt der Herbst.

3 Schreibe zu jedem Verb ein verwandtes Nomen auf.

verstecken – das _____   versuchen – der _____

vortragen – der _____   vorschlagen – der _____

1 In jedem Satz ist ein Fehler. Prüfe mit ⊓: V/v oder F/f?

2 🖊 Berichtige den Fehler. Schreibe den Satz richtig ab.

Am Formittag sind alle Kinder in der Schule.

Gleich frühstücken wir, aber forher bitte Hände waschen.

Ich habe aus Versehen die Tasse vallen lassen.

3 ↝ Schwinge die Wörter weiter. Prüfe, ob sie mit s oder ß geschrieben werden.

4 🖊 Berichtige die Fehler.

Prüfe	↝	weiterschwingen	richtiges Wort
das Graß	↝		
du gießt			
es fliest			
er verlost			
das Haus			
ich grüse			

1 🖊 Setze in die Lücken passende Wörter ein.
Es sind alles Merkwörter, die eine schwierige Stelle enthalten.

Die böse _____ hat Dornröschen verwünscht.

Marie nimmt heute ihren _____ mit in die Schule.

Benno will nicht im _____ baden,

weil dort so viele _____ herumschwimmen.

Es gibt _____ Jahreszeiten.

Mama sucht für den Blumenstrauß eine _____ .

Ich habe schon _____ meinen Bleistift vergessen.

Erd_____ schmecken süß und saftig.

Luisa schickt ihrer Oma _____ liebe Grüße

zum Geburtstag.

2 Übt die Sätze als Partnerdiktat.
Jeder diktiert seinem Partner vier Sätze.

3 🖊 Welche Merkwörter kennst du noch? Schreibe sie auf.

_____

_____

_____

Das kann ich schon!
Wörter schwingen und schreiben

1 〰 ✏ Schwinge und schreibe.
Beachte auch andere Handwerkszeuge.

_____   _____

_____   _____

_____   _____

_____   _____

Nomen, Verben und Adjektive unterscheiden

2 ○○○✏ Kreise Nomen blau, Verben rot und
Adjektive grün ein.

3 ✏ Berichtige bei den Verben und Adjektiven
den Anfangsbuchstaben.

Schiff	Segeln	Piraten	Gefährlich
Stürmisch	Entdecken	Schatzkarte	Versteck

4 📙 ✏ Schreibe die Verbenproben und Adjektivproben
in dein Heft.

Erinnerst du dich noch?

Hörst du am Ende einer Silbe ein i,
schreibe **ie**.

1 〰 👂 Schwinge und höre genau.

2 ✏ Suche die passenden Reime.

lie ben	gie ßen	studier en
sch____ben	fl____ßen	prob____ ____

Erinnerst du dich noch?

Hörst du in der Mitte einer Silbe ein i,
musst du das Wort weiterschwingen.

3 ✏ Suche die Beweiswörter für **ie**.

wiegt 〰➤ _____   schließt 〰➤ _____

Gewicht 〰➤ _____   spielt 〰➤ _____

Sieg 〰➤ _____   findet 〰➤ _____

viel 〰➤ _____   Dieb 〰➤ _____

Wörter mit Doppelkonsonanten

a o

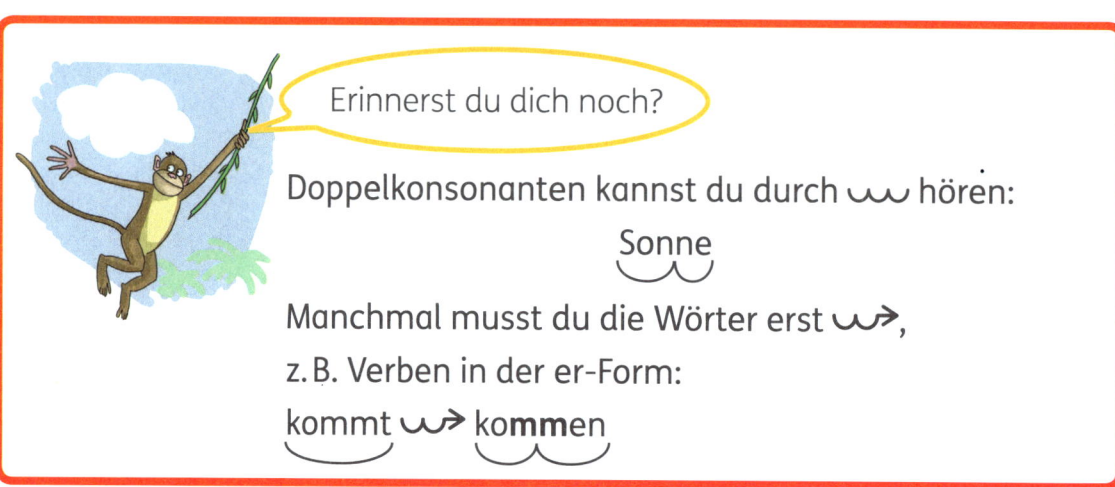

Erinnerst du dich noch?

Doppelkonsonanten kannst du durch ‿ hören:

Sonne

Manchmal musst du die Wörter erst ‿→,

z. B. Verben in der er-Form:

kommt ‿→ ko**mm**en

1 ‿ 👂 Schwinge und höre genau.

2 ○✏ In welchen Wörtern hörst du Doppelkonsonanten? Kreise sie gelb ein.

3 ✏ Schreibe die Wörter.

_____

_____

_____

Die Tür ist _____

_____

_____

3 ‿→ Schwinge die Wörter weiter.

er rennt ‿→ _____   sie klettert ‿→ _____

sie backt ‿→ _____   es fällt ‿→ _____

er schwitzt ‿→ _____   sie wippt ‿→ _____

62

Erinnerst du dich noch?

Adjektive schreibt man klein.
Mit treffenden Adjektiven kann man sich viel besser vorstellen,
wie die Dinge sind.

1 Setze die Adjektive richtig in den Text ein.

spannend	herrlich	mutig	schwierig	gefährlich

unheimlich	knusprig	fröhlich	frisch	finster

Heute ist _____ Wetter.

Zum Frühstück gibt es _____ Brötchen

und _____ Milch.

Nina liest gerade ein _____ Buch von einer

_____ Hexe.

Die wohnt in einem _____ Wald.

Die Kinder singen ein _____ Lied.

Jan hat die _____ Aufgabe alleine gelöst.

Vor der _____ Kurve fährt Inga mit dem Fahrrad

etwas langsamer.

Übt die Sätze als Partnerdiktat. Jeder sucht sich einen Satz aus.

63

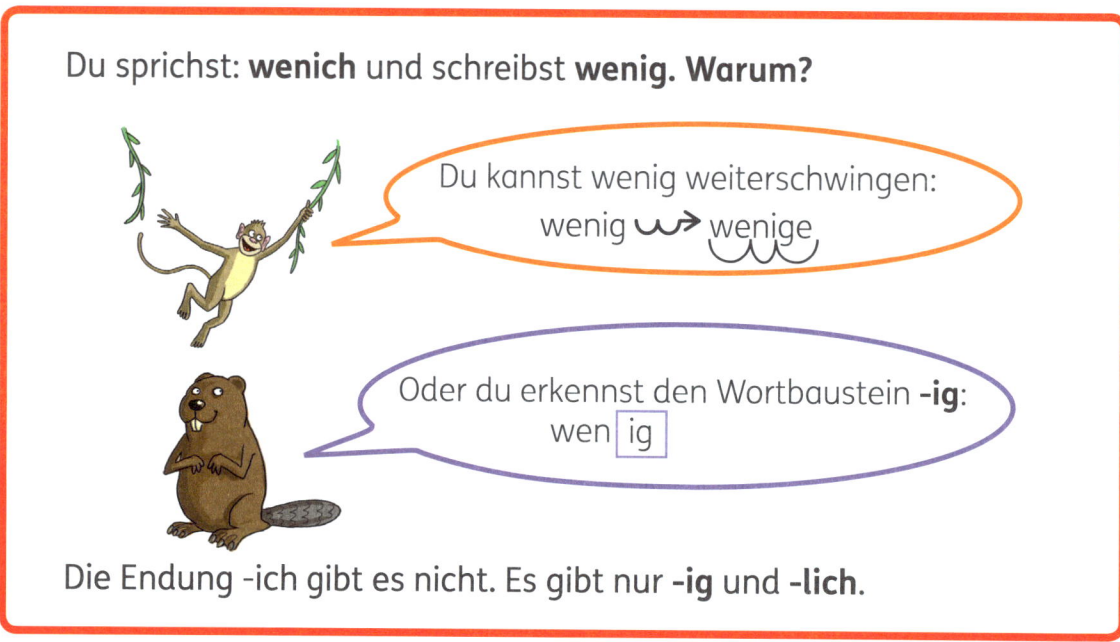

Du sprichst: **wenich** und schreibst **wenig. Warum?**

Du kannst wenig weiterschwingen:
wenig ⟶ wenige

Oder du erkennst den Wortbaustein **-ig**:
wen ig

Die Endung -ich gibt es nicht. Es gibt nur **-ig** und **-lich**.

1 Suche auf S. 63 Adjektive mit **-ig** und **-lich**.
Schreibe sie in die Tabelle.

2 Male Kästen um die Endungen.

-ig	-lich

3 Setze ein: **-ig** oder **-lich**

fleiß_____   freund_____   gemüt_____   dreck_____

fett_____   wind_____   ordent_____   neugier_____

4 Male Kästen um die Endungen.

Schreibe die Adjektive in dein Heft.
Schwinge sie weiter.

1 In jedem Satz ist ein Fehler. Prüfe mit ⌣⌣ und den ⊏⊓⊐.

2 ✎ Berichtige den Fehler. Schreibe den Satz richtig ab.

Es ist Somer und alle Kinder spielen fröhlig draußen.

Den Witz finden ale Kinder der Klasse 2 lustik.

Paul ist traurich, weil er noch nicht schwimen kann.

3 ⌣⟶ Schwinge die Wörter weiter. Prüfe, ob sie mit i oder ie geschrieben werden.

4 ✎ Berichtige die Fehler.

Prüfe	⌣⟶	weiterschwingen	richtiges Wort
die Wiese	⌣⟶		
du spilst			
das Tir			
er siegt			

ihn oder in?
ihm oder im?

Den Unterschied kannst du beim Sprechen und Schwingen hören.
Außerdem:

ihn und **ihm** bezeichnen Personen

in und **im** gibt den Ort an

1 ✏ Setze **ihn** oder **in**, **ihm** oder **im** ein.

Christian hat heute _____ der Schule gefehlt.

Karl bringt _____ die Hausaufgaben.

Celine hat einen kleinen Bruder. Manchmal passt sie auf _____ auf.

Dann gehen sie _____ den Garten oder spielen gemeinsam

_____ Kinderzimmer.

_____ Sommer hat Luis Geburtstag.

Sein Onkel schenkt _____ ein neues Fahrrad.

Mario spielt _____ Garten mit seinem neuen Fußball.

Doch plötzlich schießt er _____ _____ das Blumenbeet.

Da schimpft seine Mama mit _____ .

📖 Übt die Sätze als Partnerdiktat. Jeder diktiert
seinem Partner zwei Sätze.

↪ KV 22
↪ KV 12

1 〰 ✏ Schwinge und schreibe.
Beachte auch andere Handwerkszeuge.

_____

_____

_____

_____

_____

_____

_____

_____

Adjektive mit -ig oder -lich schreiben

2 ✏ Schreibe die Adjektive mit den richtigen Endungen auf.

3 ⬚ Male Kästen um die Wortbausteine.

| traur- | fröh- | freund- | saft- | fleiß- |

| herz- | ehr- | sonn- | wind- |

Adjektive mit -ig: _____

_____

Adjektive mit -lich: _____

_____

67

Was kannst du beim 〰 hören?	Was kannst du **nicht** hören?
1. Achte auf die schwierigen Buchstaben: **St, st Sp, sp** **ng nk** **Achtung:** **e** kannst du hören. Es klingt wie: **E**sel M**e**sser Tant**e** **eu** kannst du hören. Es klingt wie: H**eu**	**C, v, x, y** **ah, eh, ih, oh, uh aa, ee, oo** kannst du **nicht** hören. Wörter mit diesen Buchstaben sind Merkwörter. **d, g, b am Ende eines Wortes** kannst du nicht hören. Hier hilft das Werkzeug 〰➜. **ä** kannst du **nicht** hören! **äu** kannst du nicht hören! Hier hilft das Werkzeug ⚡.

2. Achte auf die Endungen
  _e   _el   _en   _er
 	
Du hörst sie oft nur undeutlich.
 	
Achtung: Hörst du am Ende
         ein a, schreibe _er.
	Die **Ausnahmen** kannst du nicht hören:
	Mama, Papa, Oma, Opa, ...
	
	Sammle sie. Lerne sie auswendig.

3. **Doppelkonsonanten** in der Mitte eines Wortes kannst du hören, wenn du hineinschwingen kannst: Son ‿ ne	Doppelkonsonanten **in der Mitte** oder **am Ende einer Silbe** kannst du **nicht** hören. ko**mm**t ‿ Ba**ll** ‿ Hier hilft das Werkzeug 〰➜.
4. Achte auf **ie am Ende einer Silbe**: W**ie** ‿ se	**ie in der Mitte einer Silbe** kannst du **nicht** hören: D**ie**b ‿ Hier hilft das Werkzeug 〰➜.
5. Achte auf ß am Anfang einer Silbe. Son ‿ ne	Du kannst nicht hören, ob ein Wort groß geschrieben wird. **H**aus Hier hilft das Werkzeug o⟨A?a⟩.

1 〰 Schwinge die Wörter.
Überlege, ob du die besondere Stelle durch schwingen und hören erklären kannst.

2 Wenn das Schwingen nicht reicht, überlege, ob du schon ein Handwerkszeug kennst, das hilft.

〰 das Wort	Kannst du die besondere Stelle durch 〰 erklären?	Nein? Welches Handwerkszeug hilft?
ko**mm**en		
ko**mm**t		
Wal**d**		
sparen		
ge**h**t		
w**ie**gt		
e**ss**en		
Fenst**er**		

Prüfe deine eigenen Texte beim Nachlesen immer mit 〰.
Wichtig ist, dass du weißt, auf welche Stellen, du dabei besonders achten musst.
Wichtig ist, dass du weißt, wann das 〰 reicht und wann nicht.

3 Lerne die 5 wichtigen Stellen von S. 68 auswendig.

Wortlisten-Training

Hier übst du, auf besondere Stellen in Wörtern zu achten und zu entscheiden, ob du sie durch ∿ richtig schreiben kannst, oder ob du andere Handwerkszeuge brauchst.

Arbeite so:

 👓 Lies das Wort.

 👄 Sprich das Wort.
∿ Schwinge es in der Luft.
✏ Male die Silbenbögen.

 ✏ Färbe die Stellen gelb, auf die du beim ∿ besonders achten sollst.

Brauchst du andere Handwerkszeuge?

 Kreise die Stellen mit Bleistift ein, die du **nicht** durch ∿ erklären kannst.

Welche anderen Handwerkszeuge?

 Wenn du das passende Handwerkszeug weißt, male den Bleistiftkreis in der passenden Farbe nach. Schreibe das Strategiezeichen hinter das Wort.

Wortliste 1

Arbeite wie links beschrieben. Hier brauchst du die Handwerkszeuge ∿ oder ⒜⒫.

Tafel

schreiben

Kreide

weiße

Klingel

Pause

Klasse

Fenster

im

Stifte

wieder

Anspitzer

Falte S. 71 nach innen.
Vergleiche diese Wortliste mit den Lösungen auf S. 72.

〰 und ⟨A?a⟩ sind die wichtigsten Handwerkszeuge, die du immer brauchst.

Ob ein Wort groß geschrieben wird, kannst du nicht hören. Große Anfangsbuchstaben musst du daher immer einkreisen.

Welche Handwerkszeuge brauchst du?

In Wortliste 1:

〰 und ⟨A?a⟩

In Wortliste 2:

〰 und ⟨A?a⟩

In Wortliste 3:

〰 und ⟨A?a⟩

In Wortliste 4:
〰, ⟨A?a⟩, 〰→ und [M]

In Wortliste 5:
〰, ⟨A?a⟩, ⚡ und [M]

In Wortliste 6:
〰, ⟨A?a⟩, 〰→ und [M]

In Wortliste 7:
〰, ⟨A?a⟩, ⚡ und [M]

In Wortliste 8:
〰, ⟨A?a⟩, 〰→, �⟩ und [M]

In Wortliste 9:
Alle Handwerkszeuge

Wortliste 2

Arbeite wie auf S. 70 beschrieben. Hier brauchst du die Handwerkszeuge 〰 oder ⟨A?a⟩.

Namen

heißen

Onkel

Freunde

sitzen

Tisch

zusammen

Tischdecke

spielen

am

Schulhof

aufstellen

Falte diese Seite nach hinten. Vergleiche diese Wortliste mit den Lösungen auf S. 73.

71

Lösungen für die
Wortliste 1

1 Vergleiche und berichtige Fehler.

2 Erkläre einem Partner, warum es so richtig ist.

schreiben

weiße

Pause

Fenster

im

Schreibe die Wörter in dein Heft. Schwinge und färbe wie oben.

Schreibe die Wörter als Partnerdiktat.

Wortliste 3

Arbeite wie auf S. 70 beschrieben. Hier brauchst du die Handwerkszeuge ᔕᔕ oder (A?a).

grün

fragen

schwarz

antworten

Nummer

Zettel

aufgeschrieben

Hörer

klingeln

wissen

drucken

Telefon

Falte S. 73 nach innen.
Vergleiche diese Wortliste mit den Lösungen auf S. 74.

1 Vergleiche und berichtige Fehler.

2 Erkläre einem Partner,
warum es so richtig ist.

heißen

Freunde (A?a)

sitzen

zusammen

spielen

am

Schulhof (A?a)

✏️ Schreibe die Wörter in dein Heft.
Schwinge und färbe wie oben.
🌟 Schreibe die Wörter als Partnerdiktat.

Wortliste 4

Arbeite wie auf S. 70 beschrieben.
Hier brauchst du die
Handwerkszeuge ⌢⌢, (A?a), ⌢➞
und M.

Wand

Tür

wohnt

Weg

Himmel

Sterne

Bad

Sohn

geblieben

Wiese

Sommer

leer

Falte diese Seite nach hinten. Vergleiche
diese Wortliste mit den Lösungen auf S. 75.

Wortliste 3

1 Vergleiche und berichtige Fehler.

2 Erkläre einem Partner, warum es so richtig ist.

grün

fragen

schwarz

antworten

Nummer

Zettel

aufgeschrieben

Hören

klingeln

wissen

drucken

Telefon

Schreibe die Wörter in dein Heft.
Schwinge und färbe wie oben.

Schreibe die Wörter als Partnerdiktat.

Wortliste 5

Arbeite wie auf S. 70 beschrieben.
Hier brauchst du die Handwerkszeuge ∿, ⌬, ⚡ und Ⓜ.

Dächer

Schnee

Winter

Schlitten

Vögel

Gärten

beobachten

träumen

fliegen

füttern

Häuschen

eiskalt

Falte S. 75 nach innen.
Vergleiche diese Wortliste mit den Lösungen auf S. 76.

Lösungen für die
Wortliste 4

1 Vergleiche und berichtige Fehler.

2 Erkläre einem Partner, warum es so richtig ist.

Schreibe die Wörter in dein Heft. Schwinge und färbe wie oben.

Schreibe die Wörter als Partnerdiktat.

Wortliste 6

Arbeite wie auf S. 70 beschrieben. Hier brauchst du die Handwerkszeuge ⌣⌣, ⌒ᴬ⁀ᵃ, ⤳ und ☐M.

geht

Spinne

Spardose

vier

Euro

spannend

Zug

Handy

mixen

trifft

Zauberer

Zwerg

Falte diese Seite nach hinten. Vergleiche diese Wortliste mit den Lösungen auf S. 77.

Lösungen für die
Wortliste 5

1 Vergleiche und berichtige Fehler.

2 Erkläre einem Partner, warum es so richtig ist.

beobachten

fliegen

füttern

eiskalt

Schreibe die Wörter in dein Heft.
Schwinge und färbe wie oben.

Schreibe die Wörter als Partnerdiktat.

Wortliste 7

Arbeite wie auf S. 70 beschrieben. Hier brauchst du die Handwerkszeuge ⌇⌇, A?a, ⚡ und M.

Computer

länger

danken

Lieder

Video

fährt

Mäuse

teuer

Tiere

Stunde

Wurm

wärmer

Falte S. 77 nach innen.
Vergleiche diese Wortliste mit den Lösungen auf S. 78.

Wortliste 6

1 Vergleiche und berichtige Fehler.

2 Erkläre einem Partner,
warum es so richtig ist.

🪲 Schreibe die Wörter in dein Heft.
Schwinge und färbe wie oben.

⭐ Schreibe die Wörter als Partnerdiktat.

Wortliste 8

Arbeite wie auf S. 70 beschrieben.
Hier brauchst du die
Handwerkszeuge ‿, ⟨A?a⟩, ↝
▭ und M.

vorlesen

Geschichte

lange

gemütlich

Geburtstag

Himbeeren

vergessen

Fahrrad

wenig

lustig

Spiel

vorschlagen

Falte diese Seite nach hinten. Vergleiche
diese Wortliste mit den Lösungen auf S. 79.

1. Vergleiche und berichtige Fehler.

2. Erkläre einem Partner, warum es so richtig ist.

 Computer A?a M

 länger ⚡

 danken

 Lieder A?a

 Video A?a M

 fährt ⚡ M

 Mäuse A?a ⚡

 teuer

 Tiere A?a

 Stunde A?a

 Wurm A?a

 wärmer ⚡

Schreibe die Wörter in dein Heft. Schwinge und färbe wie oben.

Schreibe die Wörter als Partnerdiktat.

Wortliste 9

Arbeite wie auf S. 70 beschrieben.

Hier brauchst du alle Handwerkszeuge.

zwischen

schwimmt

Ärmel

Riese

beißen

geht

Schneemänner

neu

versuchen

Schreibheft

turnen

müssen

Falte S. 79 nach innen.
Vergleiche diese Wortliste mit den Lösungen auf S. 80.

Lösungen für die
Wortliste 8

1 Vergleiche und berichtige Fehler.

2 Erkläre einem Partner, warum es so richtig ist.

Geschichte

lange

gemütlich

Geburtstag

Himbeeren

vergessen

wenig

lustig

vorschlagen

✍ Schreibe die Wörter in dein Heft. Schwinge und färbe wie oben.

⭐ Schreibe die Wörter als Partnerdiktat.

Das kann ich schon!

1 ∿ ✏ Schwinge und schreibe.

_____

_____

_____

_____

_____

_____

1 Vergleiche und berichtige Fehler.

2 Erkläre einem Partner, warum es so richtig ist.

zwischen

schwimmt →

Ärmel A?a ⚡

Riese A?a

beißen

geht →

Schneemänner A?a ⚡ M

neu

versuchen ⬓

Schreibheft A?a ⬓ →

turnen

müssen

Schreibe die Wörter in dein Heft. Schwinge und färbe wie oben.
⭐ Schreibe die Wörter als Partnerdiktat.

Das kann ich schon! ⚅ ⚄

1 ‿ ✏ Schwinge und schreibe.

Basiswortschatz zum Üben und Nachschlagen*

A

ab
Abend, Abende
aber
acht 1
ähnlich
alle, alles
als
also
alt, älter
am 1, 2
Ampel 1
an
andere, anders
ändern
Angel, angeln, Angler
Angst, ängstlich
antworten
Apfel, Äpfel 1, 2
April
arbeiten
ärgern
Arm
Arzt, Ärztin
Ast, Äste
auch 1, 2
auf 2
Aufgabe
aufräumen, Raum
aufwachen
aufwecken, Wecker
Auge 1
August
aus
außen
Auto 1

B

Baby 1, 2
backen, Bäcker 1, 2
baden 1
Bahn
bald
Ball, Bälle 1, 2
Bank, Bänke 2
Bauch, Bäuche
bauen 1, 2
Baum, Bäume 1, 2
beginnen, begann,
    begonnen 2
bei
Bein
Beispiel
beißen, biss, Biss
bekommen
belohnen, Lohn
beobachten
bequem
bereits, bereit
Beruf
besser
Bett 1
bevor
bewegen, bewegt
bezahlen
biegen, bog 1
Biene 2
Bild, Bilder
bin, bist
binden
Birne
bis
bisschen

bitten
Blatt, Blätter 2
blau 1
bleiben, bleibt
blicken, Blick
blind, Blinde
Blitz, blitzen
Block
bloß
blühen, blüht 2
Blume 1, 2
Blüte
Boden
bohren
Boot
böse
boxen
Brand, Brände
braun
brav
breit
brennen, brannte 1, 2
Brief 2
Brille
bringen, bringt
Brot, Brötchen 1, 2
Brücke
Bruder, Brüder 2
Buch, Bücher 1, 2
bunt
Burg
Bürger
Busch, Büsche
Butter 1, 2

---

* Die Ziffern hinter den Wörtern geben an, in welchen Übungsheften diese Wörter mindestens einmal explizit Gegenstand einer Rechtschreibübung waren. Darüber hinaus können auch Wörter, die keine Nummer haben, häufiger in Übungstexten enthalten sein.
Diese Übungsreihe stellt sicher, dass für alle Wörter, die eine besondere Schwierigkeit enthalten, passende strategiegeleitete Übungen bereitgestellt wurden.

C

Cent [2]
Clown
Computer [1, 2]

D 3

da
danach
danken
dann [1, 2]
das [2]
Decke [1]
dein, deine, deiner
dem [2]
den [2]
denken [1]
denn
der [2]
des
deutlich
deutsch, Deutschland
Dezember
dich
dick [2]
die [2]
Dienstag
dies, diese, dieser
dir
doch
Donner, donnern
Donnerstag
dort
Draht, Drähte

draußen
dreckig, Dreck [2]
drehen [1]
drei [1]
drücken, Druck
du [2]
dumm, Dummheit
Düne
dunkel [1]
dünn [1]
durch
dürfen
Durst, durstig [2]

E

Ebbe
Ecke, eckig
ehrlich [2]
Ei, Eier
eigentlich
Eimer
ein, eine, einer [1]
einmal, mal [2]
eins
elf
Eltern
empfinden,
    empfindlich
Ende
eng
entdecken [2]
Ente
entfernen, Entfernung
entgegen
entwickeln,

Entwicklung
er
Erde
Ergebnis
erlauben, Erlaubnis
erleben, Erlebnis
erschrecken
erstens
erwarten, Erwartung
erzählen, Erzählung
es
essen, isst [1, 2]
euch
euer, eure
Eule [1]
Euro [1]
Europa

F

fahren, fährt, Fahrt [2]
Fahrrad, Fahrräder [2]
fallen, fällt [2]
falsch
Familie
fangen, fängt [1, 2]
fast
Februar
Fehler, fehlerfrei
fein
Feld, Felder
Fenster [1, 2]
Ferien
Fernseher, fernsehen [1]
fertig
fett, Fett
feucht, Feuchtigkeit

Feuer 1	**G**	**H**
finden 2		
Finger 1	Gabel 1, 2	Haare
Flasche	ganz, ganze, ganzer	haben, hat
Fleiß, fleißig 2	Garten, Gärten 1	Hafen, Häfen
fliegen, fliegt, Fliege 2	Gebäude, bauen 1	hallo
fließen, floss 2	geben, gibt 2	Hals, Hälse
Flügel	Gebiet	halten, hält
Flugzeug	Geburt, Geburtstag 2	Hand, Hände 1, 2
Fluss, Flüsse	Gefahr, gefährlich 2	Handy 1, 2
flüssig, Flüssigkeit	gefallen	hängen, Hang
Flut	geheim, Geheimnis	hart, härter
fragen, fragt 2	gehen, geht 1	Hase 2
Frau	gelb, gelbe 1, 2	häufig, Haufen
frei, Freiheit	Geld, Gelder 1	Haus, Häuser 1, 2
Freitag	Gemeinde	Haut, Häute
fremd, Fremde	Gemüse 1, 2	Heft 1, 2
fressen, frisst, fraß	gerade	Heide
freuen, Freude 1	gern	heiß
Freund, Freundin 1	Geschäft	heißen 2
Frieden, friedlich	geschehen, geschieht	heizen, Heizung
frieren, fror 2	Gesetz	helfen, hilft, Hilfe
frisch 2	Gesicht 1	Held, Heldin
fröhlich 2	gestern	hell 2
Frucht, Früchte	gesund, gesunde 2	Hemd, Hemden
früh	gewinnen, gewann,	her
Frühling 2	gewonnen	Herbst
Frühstück 2	Gewitter 1	Herr
Fuchs, Füchse	gießen, goss 1	herstellen, Herstellung
fühlen, Gefühl	glatt	heute 1
führen, Führung	Glück, glücklich	Hexe 1, 2
füllen, Füller	glühen	hier
fünf 1	Gott, Götter	Himmel
für	Gras, Gräser	hin
Fuß, Füße 2	groß, größer 2	hinter 2
Fußball, Fußbälle	grün 1	Hitze
Fußgänger	grüßen, Gruß	hoch
	gut	

hoffen, hoffentlich
Höhe
Höhle, hohl
hören 1, 2
Hose 1, 2
Hund, Hunde 2
hundert
Hunger, hungrig

I

ich
Igel 1
ihm 2
ihn, ihnen 2
ihr, ihre
im 2
immer
impfen, Impfung
in 2
Information,
    informieren
ins
Interesse, interessant
ist

J

ja
Jahr
Januar
jede, jeder, jedes
jemand, jemanden
jetzt
Jugend, jugendlich

Juli
jung
Junge 1
Juni

K

Käfer
Käfig
Kalender 1
kalt, Kälte 2
Kamm, kämmen
kaputt
Kater
Katze 1
kaufen 1
kein, keine, keiner
kennen, kannte
Kiefer
Kind, Kinder 1, 2
klar, erklären
Klasse 2
Kleid, Kleider 1
klein 2
klettern 1, 2
Koch, Köche
kommen 1, 2
Kompass
König, Königin 1, 2
können, kann 1, 2
Kopf, Köpfe 2
Körper
kräftig, Kraft
krank
kratzen
Kraut, Kräuter 2
Kreuz, Kreuzung

kriechen, kroch
Krieg, Kriege
kriegen
Küche 2
Kuh, Kühe
kühl, kühlen
Kuss

L

Land, Länder
lang, länger 2
langsam
Lärm
lassen, lässt
Laub
laufen, läuft, Läufer 1, 2
laut
leben, lebt 1
legen, legt 2
Lehrer, Lehrerin 1, 2
leicht
leise
lernen 2
lesen, liest 1, 2
letzte, letzter
leuchten 1, 2
Leute 1
Lexikon
Licht 1
lieb, lieben 2
Lied, Lieder 2
liegen, liegt 2
links
Liter
Löffel 1, 2
Lohn, Löhne, belohnen

M

machen [1,2]
Mädchen
Magnet
mahlen
Mai
malen [1,2]
Mama
man
Mann, Männer
Mannschaft
Mantel [1]
März
Maschine
Maß
Maus, Mäuse [1,2]
Medien
Meer [2]
mehr
mein, meine, meiner
messen, misst, maß
Messer
mich
Miete
Milch [1]
Minute [1]
mir
mit
Mittag, Mitte
Mittwoch
mixen [1,2]
möchten
mögen
Monat
Montag
Moor
Moos

morgen [2]
Möwe
Mühle
Müll
Mund, Münder
müssen, muss [2]
Mutter, Mütter [1,2]

N

nach
Nachmittag
nächste
Nacht, Nächte [1]
nachts
nah, Nähe
nähen, Naht
Nahrung, ernähren
Name [2]
Nase [1]
nass, Nässe
Natur, natürlich
Nebel
nehmen, nimmt
nein
neu [1]
neun [1,2]
nicht [1,2]
nichts
nie [2]
niemals
niemand, niemanden
noch
Note
November
Nudel, Nudeln [2]

Nummer,
   nummerieren [2]
nun
nur
Nuss, Nüsse [2]
Nutzen, nützen,
nützlich

O

ob
Obst
oder
offen [2]
oft [1]
ohne
Ohr [1,2]
Oktober
Oma [1]
Onkel [2]
Opa
Ostern

P

paar
packen, Päckchen
Paket [1]
Papa
Papier [2]
Pass, Pässe
passen [1]
pfeifen, Anpfiff [2]
Pferd, Pferde [1,2]

pflanzen
pflegen, pflegt
Pilz
Pizza
Platz, Plätze
plötzlich
Pommes
Programm
Puppe [1]

Q

Quadrat [1]
quaken
quälen, Qual
Quelle [2]

R

Radio
Rasen
raten, Rätsel
Raum, Räume
Raupe [1]
raus
rechnen [1, 2]
rechts [1]
reden
Reh, Rehe
regnen, Regen [1]
reich
reisen
reißen, riss
reiten [1]
rennen, rannte
richtig

riechen, Geruch [1]
Rock, Röcke [2]
rollen
rot [1]
Rücken
rufen
Ruhe, ruhig
rühren

S

Saft, Säfte
sagen, sagt [1, 2]
Salz
sammeln, Sammlung
Samstag
Sand, sandig
Satz, Sätze
Schaf
Schall
schalten, Schalter
scharf, Schärfe
Schatten
schauen
scheinen
Schere [1]
schieben, schob [2]
schief [2]
Schiff [2]
schimpfen
schlafen, schläft [1]
schlagen, schlägt [2]
schließen, schloss [2]
schließlich
Schloss, Schlösser
Schlüssel [1, 2]
schmecken

Schmetterling [1]
Schmutz, schmutzig
Schnee [2]
schneiden [2]
schnell
schon
schön [1, 2]
Schreck, schrecklich
schreiben, schreibt [1, 2]
schreien
Schuh, Schuhe
Schule [1]
schütteln
schützen, Schutz
Schwamm
schwarz [1]
schweigen, schwieg
schwer
Schwester [1, 2]
schwierig,
    Schwierigkeit [2]
schwimmen,
    schwamm,
    geschwommen [1, 2]
schwitzen [2]
sechs
See [2]
Segel, segeln [1, 2]
sehen, sieht [2]
sehr
seid
Seife [1, 2]
sein
sein, seine, seiner
seit
Sekunde [2]
September

Sessel
setzen, besetzt
sich
sie [2]
sieben [1, 2]
sind
singen, singt [1, 2]
sitzen, sitzt [2]
Skizze, skizzieren
so
Sohn, Söhne [2]
sollen
Sommer [1]
Sonnabend
Sonne [1, 2]
Sonntag
sparen [1, 2]
Spaß, Späße [1, 2]
spät, verspäten [1]
Spaziergang, spazieren
Spiegel, spiegeln
spielen [1, 2]
Spitze, spitz [2]
Sport [1]
Stadt, Städte
Stamm, Stämme
Stange, Stängel
stark, stärken
stehen, steht [2]
stellen [2]
Steuer, steuern
Stiel
Stift [1]
still
stimmen, bestimmt
Stirn
Stoff

Strand, Strände
Straße [1, 2]
Strauch, Sträucher [2]
Strauß, Sträuße [2]
streiten, Streit [1, 2]
strömen, Strom
Stück [2]
Stuhl, Stühle [1, 2]
Stunde [2]
Sturm, stürmisch [1, 2]
suchen [2]
süß, Süßigkeit

T

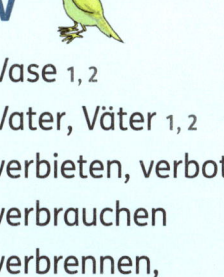

Tag, Tage [1, 2]
täglich
Tante [1, 2]
Tasche [1]
Tasse [1, 2]
Taste
tausend, Tausende
   (auch: tausende)
Taxi [1, 2]
Technik
Teddy [2]
Tee [2]
Telefon [1]
Teller [1, 2]
Temperatur
Text [1]
Theater [2]
Thermometer
tief, Tiefe [2]
Tier [1, 2]
Tiger
Tochter, Töchter

toll
tragen, trägt [1, 2]
Träne
Traum, träumen [1, 2]
treffen, trifft, traf,
   getroffen
treu
trinken [1]
trocken
tun
turnen [1]

U

üben, übt
über [1, 2]
überqueren
Uhr [2]
um
umkehren
und [1, 2]
ungefähr
uns, unsere, unser
unten, unter [1, 2]
Unterricht
Urlaub

V

Vase [1, 2]
Vater, Väter [1, 2]
verbieten, verbot
verbrauchen
verbrennen,
   verbrannte,
   Verbrennung

Verein, vereinen

vergessen, vergisst,
    vergaß

Verkehr

verletzen, Verletzung

verlieren, verlor

verpacken, Verpackung

verschmutzen,
    Verschmutzung

versuchen

viel 2

vielleicht

vier 1, 2

Vogel, Vögel 1, 2

voll, vollständig

vom

von

vor 2

voraus

Vorfahrt 2

vorsichtig, Vorsicht 2

W

wachen

wachsen, wuchs,
    Gewächs

wackeln

wählen, Wahl

während

Wald, Wälder 1, 2

wann

warm, Wärme 1, 2

warten 1, 2

warum

was 1, 2

waschen, wäscht 1

Wasser

wechseln

Wecker

weg

Weg, Wege 1, 2

weggehen

Weihnachten

weil

weiß 1

weit, weiter

welche, welcher

Welt

wem

wen

wenig, weniger 2

wenn

wer

werden, wird

Wetter

wichtig, wichtiger

wie 2

wieder 2

wiegen, wog 2

Wiese 2

wild, wilde

Wind, Winde 2

Winter 1, 2

wir 2

wissen, weiß, wusste,
    Wissen

wo 1

Woche

Wolf, Wölfe

Wolke 2

wohnen 2

wollen, will 1, 2

Wort, Wörter

Wunsch, Wünsche,
    wünschen 2

Wurzel

Z

Zahl, zählen 1, 2

Zahn, Zähne 2

Zehe

zehn 2

Zeichen

zeichnen, Zeichnung

zeigen, zeigt

Zeit 1, 2

Zeitung

Zeugnis

Ziege 2

ziehen, zog

Ziel, zielen

Zimmer

zu

Zucker 2

Zukunft, zukünftig

zuletzt

zum

zur

zurück

zusammen 2

zwei 1

Zwiebel 2

zwölf